물을
거슬러
노를
저어라

KB152614

Paddle Against the Flow by HUCK Magazine
Copyright © 2014 by The Church of London Publishing
All rights reserved.
First published in English by Chronicle Books LLC, San Francisco, California.
Korean translation rights © 2015 TiumBooks
Korean translation rights are arranged with Chronicle Books LLC through Amo Agency Korea.

이 책의 한국어판 저작권은 아모 에이전시를 통해 저작권자와 독점 계약한 틔움출판에 있습니다.
신 저작권법에 의해 한국 내에서 보호를 받는 저작물이므로 무단 전재와 무단 복제를 금합니다.

물을 거슬러 노를 저어라

PADDLE AGAINST THE FLOW

세상을 바꾼 행동가, 창조자, 문화 혁명가들의 생생한 조언

허크 편집부 지음 | 한국CFO스쿨 북펀드 옮김

틔움

헌사

DEDICATION

이 책은 통념화된 사회 규칙과 관습을 거부하고, 기득권에 대항하며, 이미 구축된 기존 체제에 도전하면서 새로운 것을 만들고자 노력하는 모든 사람을 위한 것이다. 이 책에 나온 창조적 행동가와 문화 혁명가들은 우리의 삶을 제한하고 억압하며 거짓으로 만드는 모든 사회 구조와 사상을 직시한다. 이들은 기존 사회를 욕하는 대신 새로운 것을 창조하고, 기존의 문명화를 거부하며, 자신을 표현함으로써 새로운 길을 개척해왔다. 이들이 궁극적으로 원했던 것은 바로 자유다.

물을 거슬러 노를 저어본 적이 있는가?
만약 그렇다면, 이 책은 바로 당신을 위한 것이다.

빈스 메디로스Vince Medeiros 〈허크Huck〉 창업자

CONTENTS

FORE
WORD

조언과 영감

더글러스 코플런드Douglas Coupland

———————— 1 ————————

47세의 나단은 지난 밤 숙취에서 조금씩 깨어나고 있었다. 몇 번을 토했는지 모른다. 그의 자리 옆에는 정리되지 않은 13개의 영업 보고서와 12개의 네스프레소 캡슐이 널려있었다.

"내가 여기 어떻게 왔지?"
나단은 다시 물었다.
"도대체 내 인생은 왜 이 모양일까?"

나단은 어떤 조언advice도 받아들이지 않았다. 조언이 갖는 가장 큰 문제는 누구도 받아들이지 않는다는 것이다. 대부분은 직접 경험하면서 비싼 대가를 치르고 나서야 교훈을 얻는다. 결국 삶을 되돌아볼 만한 나이가 돼서야 "그때, 그 조언을 받아들일걸……"라며 후회한다. 맞다. 그랬어야 한다.

특히 젊은 사람들은 조언을 받아들이는 것에 인색하다. 젊은이들은 대부분 단순함, 무지, 망각이라는 보호막에 둘러싸여 있다. 결국 사회에 진출하여 끔찍한 경험을 하나 둘씩 하면서, 어느 날 갑자기 45세에 이른다. 이젠 끝이다.

나이가 들어서야 조언이 중요하다는 사실을 깨닫는다. 실제로 조언의 중요성은 아무리 강조해도 지나치지 않다. 조언은 바로 시간을 벌게 해주기 때문이다. 돈과 시간 중에서 무엇이 더 중요한지, 50세가 넘은 어른들에게 물어보라. 그들은 모두 시간이라고 답한다. 돈은 언제든 벌 수 있지만, 시간은 결코 되돌릴 수 없다. 지나면 사라지는 것이 시간이다.

———————— **2** ————————

49세의 제니퍼는 최고경영자들이 모여 사는 시내 중심가 고급 레지던스 호텔에서 홀로 살고 있다. 제니퍼는 저녁 식사를 위해 냉동 즉석식품을 전자레인지에 넣고 돌리며, 주차위반 딱지를 회사 경비에 포함시켜도 되는지를 확인받고자 하는 회계부서 직원의 전화를 기다리고 있었다. 대답은 물론 "No!"이다.

조언은 시점이 중요하다. 대부분의 조언은 필요로 한 시점이 한참 지나고 나서 받아들여진다. 40대 후반의 어느 날, 새벽 3시에 어두운 방에서 위스키 한잔을 기울이며 조언의 가치를 깨닫곤 한다. 그럼 조언 대신 줄 수 있는 것은 무엇일까? 바로 영감inspiration이다. 조언보다는 영감을 줄 수 있어야 한다. 사람들은 진지한 조언보다 영감을 더 쉽게 받아들인다. 특히 사춘기에서 청년기에 이르는 사람들은 그런 경향이 더 크다. 이들은 강력한 자극을 주는 단어에 민감하게 반응한다. 행동심리학자들은 일반적으로 젊은 남녀가 자신의 목숨보다 이상을 더 중시하기 때문에 전쟁에도 기꺼이 참여하는 경향이 강하다고 말한다. 40~50대가 기꺼이 전쟁에 나서는 경우는 거의 없다. 젊은이들에게 영감은 도구이자 덫이다.

이 책은 위대한 조언과 영감으로 이뤄졌다. 그래서 이 책은 훌륭한 도구이자 덫인 셈이다. 하지만 누군가로부터 영감을 얻고자 한다면, 반드시 동시대를 살고 있는 사람들을 찾아야 한다. 수십 년에 걸쳐 의미 있고 창조적이며 지속적으로 세상에 영향을 준 사람들을 찾아라.

— **3** —

50세의 카일은 동갑내기 매형의 50번째 생일 파티에 참석하고 있다. 매형 집에는 카일이 스물다섯 살 때 그렸던 유화가 걸려 있었고, 매형의 방귀 소리에 사람들은 크게 웃으며 떠들었다. 카일은 그렇게 인생을 보내고 있었다.

나는 흰머리가 빨리 났다. 흰머리는 우리 집 남자들의 내림으로, 난 내심 흰머리를 기대하기까지 했다. 머리가 희어지면 사람들이 나를 현명하다고 생각할 것이란 기대 때문이었다. 어느 날 그런 일이 생겼다. 한 대학으로부터 졸업식에 와서 인생을 어떻게 살아야 할 것인지에 관해 연설해달라는 부탁을 받았다. 내가 그걸 어떻게 알 수 있단 말인가? 하지만 나는 한 가지 포인트를 찾았다.

바로 "즐겁게 할 수 있는" 일을 하라는 것이다. 대부분의 사람은 자신이 즐겁게 할 수 있는 일을 모른 채 산다. 그렇게 무덤까지 가는 경우가 많다. 좋아하는 일을 찾는 것이 의미 있는 이유가 바로 이 때문이다. 구두나 양초, 혹은 스노우보드 만들기를 좋아해도 상관없다. 자신이 하는 일에 흥미를 잃지 않는다면, 세상이 어떻게 변하든 상관없기 때문이다. 반대로 하기 싫어 미칠 것 같은 일을 계속 한다면, 이것처럼 불행한 일도 없다. 성공을 해도 기쁘지 않으며, 심지어 성공을 경멸하기도 한다.

사람들은 조언과 영감으로부터 많은 아이디어를 얻는다. 이 책에 나온 사람들의 말을 곱씹어라. 그들은 우리와 같은 시대에 살고 있으며, 우리가 시간을 낭비하며 살지 않도록 일깨우기 위해 여기 모였다. 조언과 영감은 인간이 줄 수 있는 가장 위대한 선물이다.

INTRODUCTION

의지가 있다면 무엇이든 할 수 있는 세대

안드리아 컬랜드Andrea Kurland 〈허크Huck〉 편집장

할 수 없다는 건
진심으로 원하지 않았다는 것이다.

이 말을 처음 들었을 때 섬광처럼 번뜩 떠오르는 생각이 있었다.

우리는 지난 10년간 본능적으로 취재하고, 듣고 싶은 이야기 거리를 찾고, 존경하는 사람들과 대화하며, 사람들이 잘 읽을 것이라는 믿음을 갖고 잡지를 만들어 왔다. 그렇게 시간을 보내던 어느 순간, 새로운 영감의 원천을 찾기 위해 노력하는 사람들, 우리 주변의 모든 익숙함에 엉뚱한 질문을 던지는 호기심이 많은 사람들, 그리고 기존 관습에 도전하며 새로운 것을 만들어가는 용감한 사람들을 찾아 나서기로 했다.

이런 사람들은 어디에 있을까? 많은 고민과 생각을 통해 하나씩 구체화할 수 있었다. 사진작가, 예술가, 소설가, 영화 제작자, 스케이트 선수, 펑크 뮤지션, 힙합의 대가들 중에서 다양한 활동가들이 보이기 시작했고, 이들은 주어진 일을 하면서도 점심시간에는 뭔가 거대한 음모를 꾸미는 특징을 갖고 있었다. 그리고 이미 특정 분야에서 두각을 보이고 있었다. 이들 모두는 자신이 선택한 것에 엄청난 열정을 쏟았고 금방 가시적인 결과를 만들어냈다. 그들은 바로 행동가doer이다. 그들에게는 뭔가를 만들고자 하는 열정이 있었다. 어느 날 갑자기 음반 회사를 차린 18세의 스케이트보드 선수가 장인artisan과 협력하고, 현장에서 활발하게 활동하는 파도타기 전문 사진작가가 자전거 타기 운동을 전개하는 활동가들과 함께했다. 이들이 자신의 일 이외의 것에 열정을 갖게 된 것은 바로 "욕구불만"때문이었다. 새로운 것과 연결하고자 하는 욕망은 충족되지 못한 욕구에서 비롯된다.

욕구불만은 항상, 그리고 아주 빠르게 다가온다. 대부분의 사람은 욕구불만이 조용한 파도처럼 밀려오도록 내버려둔다. 욕구불만을 마치 인생의 일부로 받아들이며, 참고 견뎌야 하는 것으로 생각한다. 하지만 그렇지 않은 사람들도 있다. 이들은 작고 사소한 불만의 불씨를 그냥 두지 않는다. 그 불씨를 키워 격렬한 불꽃으로 만들고 그 빛을 포착하여 세상에 던진다. 이들이 바로 이 책을 만드는 데 영감을 준 사람들이다. 이들의 끝없는 호기심 덕분에, 우리는 세상에 알려지지 않은 신나는 이야기들을 찾아낼 수 있었다. 이들이 일생 동안 보여준 강한 열망 덕분에, 우리는 사물의 인지 방법에 관한 질문을 계속할 수 있었다. 이들은 사람을 현란하게 사로잡는 말과 지혜가 담긴 말을 정확하게 구분해 낸다. 그래서 우리는 잠깐 떴다가 사라지는 반짝 스타보다는 자신의 기량을 끊임없이 갈고 닦는 사람들을 만날 수 있었다. 이들 혁명적 창조자들은 세상을 송두리째 불태워, 새로운 세대가 온전히 그들만의 것을 창조하는 데 도움을 주고 있다.

이 책은 이 세상에 성난 불꽃을 일으켜 우리 모두가 물을 거슬러 노를 저을 수 있게 만들어 줄 것이다.

If you're being
bombarded with
information, the act of
looking for patterns —
not necessarily finding
them — is what's going
to give you psychic
refuge, a sense
of sanctuary.

— DOUGLAS —
COUPLAND

WRITER

더글러스 코플런드 작가

정보의 홍수에 빠져있는 사람이라면,
그 가운데서 패턴을 찾으려는 행동(그것을 꼭 찾지는
못하더라도)이 정신적 안식처,
즉 안도감을 갖게 할 것이다.

— KELLY —

SLATER

———— SURFER ————

캘리 슬레이터 서퍼

모든 스포츠는 체스 게임과 비교할 수 있다.
체스 한 수는 반드시 다른 수와 균형을 이룬다.
이 균형이 깨지는 순간,
바로 내가 아닌 다른 사람이
그 게임을 지배한다.

Any sport can be compared to games of chess. One move has to balance another move. When things get imbalanced, that's when somebody controls the game.

One day you're not able to do something and then you are able to do it the next day, you're challenging yourself. There's definitely something addictive about the process.

MCA

—— *MUSICIAN* ——

엠씨에이 뮤지션

과거에는 할 수 없던 일을
언젠가 다시 해내게 된다면,
당신은 자신의 한계에 도전하고 있는 것이다.
이런 과정에는 중독성 있는 무언가가
확실히 존재한다.

─ CHERYL ─
DUNN
─ PHOTOGRAPHER ─

셰릴 던 사진작가

젊고 겁 없던 시절에 저지른 실수는
모두 괜찮다.
실수를 결코 두려워하지 마라.
삶은 빛의 속도로 움직인다.
실수는 잊혀진다.
그냥 계속 실수하라.

It's good to make your
mistakes when you're young
and not afraid. But you should
never be afraid to make mistakes.
Life moves at the speed of light.
People forget the mistakes.
Just keep making.

Music changed my life. It gave me a new vocabulary to negotiate my feelings. It gave me a new identity — a new possibility.

NAS

—— *MUSICIAN* ——

나즈 뮤지션

음악이 내 인생을 바꿨다.
음악은 내게 새로운 어휘를 주었고,
내 감정을 조율할 수 있게 해주었다.
음악은 내게 새로운 정체성과
가능성을 주었다.

─ MIKE ─

MILLS

─ FILMMAKER ─

마이크 밀스 영화 제작자

나는 오랜 시간 우울증을 겪었다.
우울증이 심해지면, 나는
슬픔에서 벗어나기 위해 무언가를 만든다.
슬플 때면, 모든 사물이
감정적으로 더욱 선명하게 다가온다.

The Sades

There's a long streak of
melancholia in my world.
Often when I'm sad, I make
things to get out of the sadness.
Everything is more emotionally
vivid when you're sad.

Art brings you
closer to whatever your
present is, your own
breathing being.

— CAT —
POWER

—— MUSICIAN ——

캣 파워 뮤지션

예술은,
당신의 현재 상태와는 상관 없이,
당신이 살아 숨쉬는 존재임을 느끼게 해준다.

─ SHAUN ─
WHITE
── SNOWBOARDER ──

숀 화이트 스노우보더

항상 처음인 것처럼,
그리고 아주 간절히 원했던 것처럼
모든 경기에 임하라.
그리고 최선을 다하라.
나는 모든 일을 이렇게 한다.
친구들과의 사소한 게임에서조차 이렇게
몰입하는 내가 지독해 보일 것이다.

Treat every contest like it's your first, like you want it so bad, and then give it your all. I'm that way with everything. You should see me play Monopoly, it gets nasty.

When I was younger I began documenting what I was going through. "This is the twenty-four hour laundromat I'm in. This is what the lights look like and here I am talking into this tape recorder." I was just preserving myself. It felt like I was going to disappear and not be around anymore. So it was more like writing a journal than traditional filmmaking.

— LANCE —
BANGS
—— FILMMAKER ——

랜스 뱅스 영화 제작자

나는 어렸을 때부터 내가 경험한 모든 것을
기록했다. "나는 지금 24시간 빨래방에 있으며,
전등은 이렇게 생겼다. 그리고 나는 여기서
녹음기에 대고 말하고 있다."
나는 그저 나 자신을 기록처럼 보존하고
있었다. 기록하지 않으면
세상에 아무런 흔적도 남기지 못한 채
내 자신이 사라질 것만 같았다.
나는 영화를 만든 것이 아니라
일기를 썼을 뿐이다.

— SHAUN —
TOMSON

—— SURFER ——

숀 톰슨 서퍼

사람들은 왜 잘못된 선택을 하는가?
대부분의 경우 희망이 없기 때문이다.
즉, 절망했기 때문이다.
자신이 정말 좋아하는 것을 찾고
그것을 쫓으면,
삶은 희망으로 가득 채워진다.

Why do people make bad choices? A lot of it is related to a lack of hope; it's related to despair. Find out what you love and pursue that dream so that your life is filled with hope.

Alva

There's no limit to what
you can do on a skateboard.
It's freedom. It's independence.
It's acceleration. And it's that
thing that burns inside you. It's
like the cleanest, purest form of
high that you can get.

— TONY —
ALVA
— SKATEBOARDER —

토니 앨바 스케이트보더

스케이트보드 위에서는
어떤 제약도 없이 모든 것을 할 수 있다.
그것은 자유고, 독립이며, 가속을 의미한다.
그것은 바로 우리 가슴 안에 불타고 있다.
그것은 우리가 얻을 수 있는
가장 깨끗하고 순수한 형태의 고귀함에 가깝다.

— BOB —
BURNQUIST

—— SKATEBOARDER ——

밥 번퀴스트 스케이트보더

모든 일에는 시간이 걸린다.
무언가를 이루는 유일한 방법은
그 일을 하는 것이다.
감당하기 어려워 보이는 일이라도,
목표를 세우고 그것을
매일 해나가는 것이 중요하다.

Everything takes time —
the only way to get things
done is to do it. It can be
overwhelming, but the
key is to set goals and
take it one day at
a time.

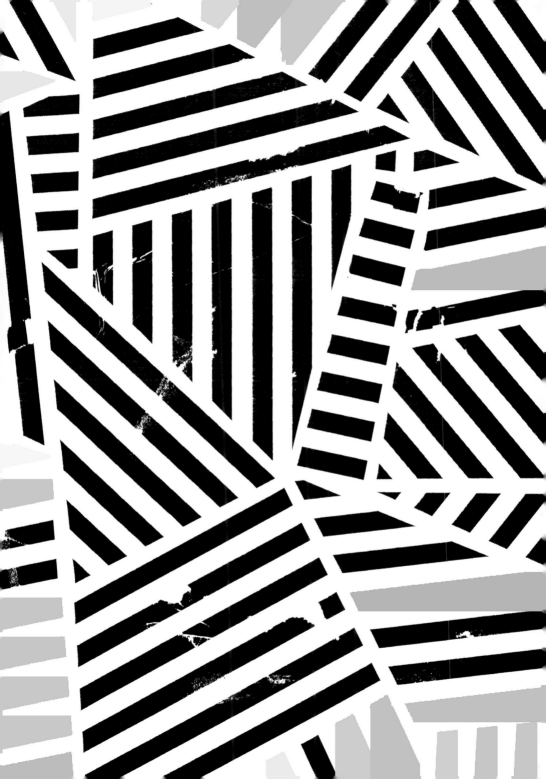

It's good to work in an experimental way where you're trying things out and you're not attached to the result.

— RIVERS —
CUOMO
—— *MUSICIAN* ——

리버스 쿼모 뮤지션

반복적인 실험을 통해
일을 추진하는 것이
가장 좋다.
결과에 너무 집착하지 마라.

— SPIKE —

JONZE

— FILMMAKER —

스파이크 존즈 영화 제작자

"일"과 "재미로 하는 것"을 구분하지 마라.
이 둘은 하나여야 한다.

Don't differentiate
between "This is a job"
and "This is what I'm
doing for fun." It's all
simultaneous.

Drawing is the opposite
of work, it's mindlessness.
Stop learning, stop struggling,
stop testing yourself. Do what
you're good at. When I really
learned this it was a big growing-
up moment — I finally felt
commitment to what
I was doing.

— GEOFF —
McFETRIDGE

———— GRAPHIC DESIGNER ————

지오프 맥페트리지 그래픽 디자이너

그림은 일과 전혀 다르다.
의식해서는 안 된다.
배우려 하지 말고, 너무 애쓰지 말며,
스스로를 시험하지 마라.
그저 잘하는 것을 하면 된다.
나는 이 사실을 깨달으면서
크게 성장할 수 있었다.
그걸 알고 나서야 내가 하는 일에
몰입할 수 있었다.

— ALEX —
KNOST

SURFER

알렉스 노스트 서퍼

위대한 성과는 제한된 자원에서 만들어진다.
선택의 여지가 많지 않을 때,
필요한 것이 만들어진다.
기묘하게도, 독창성은
절박함에서 비롯된다.

Great results can come out of having limited resources. When you have fewer options, things develop out of necessity. And in a weird way the necessity creates originality.

Make things because you want to make things. Whether it's a movie or a one-line sentence or a song that you sing to yourself in the shower, you just do it because it's something you want to do. All that stuff about deals and money, that's bullshit. There's just something wonderful in the act of creating.

—HARMONY—
KORINE

—— FILMMAKER ——

하모니 코린 영화 제작자

뭔가를 만드는 것은 그것을 원했기 때문이다.
영화든, 한 줄의 문장이든, 한 소절의 노래든,
우리는 그것을 원하기 때문에 만든다.
단, 돈이나 거래 같은 것은 예외다.
만드는 행위는 그 자체로 아름답다.

— ROBERT —
RODRIGUEZ

FILMMAKER

로버트 로드리게즈 영화 제작자

영화를 만들고 싶다면,
"영화를 만들고 싶다"라고 말해서는 안 된다.
그냥 자신이 바로 영화 제작자라고 말하라.
사람들은 상대의 정체성을 따라간다.
만약 당신의 정체성이 언젠가 영화 제작자가 되는 것이라면,
당신은 영화를 만들고 싶어하는 사람에 불과하다.
그러나 당신의 정체성이 이미 영화 제작자가 되었음을
보여주면, 당신은 영화 제작자가 하는 일을 하게 될 것이며,
결국 영화를 만들게 된다.

If you want to make films, don't say you want to make films. Just say you're a filmmaker. People are very true to their identity. If your identity is someone who someday would like to make a film then you're going to remain someone who someday would like to make a film. If your identity is being a filmmaker, you're going to do what filmmakers do, which is make stuff.

If everything's going well, you're on this ride, and you're taking the audience with you, somewhere, but you don't know where you're going.

— KIM —

GORDON

——— MUSICIAN ———

킴 고든 뮤지션

만약 공연이 잘 되고 있다면,
그 방향에 대한 확신이 없더라도,
당신은 관중과 함께 어디든 갈 수 있다.

— RALPH —

STEADMAN

ARTIST

랄프 스테드먼 아티스트

그림이란 먼저 연필로 스케치를 하고 나서,
그것을 거듭 살피며 다듬어 나가는 것이 아니다.
잉크나 지울 수 없는 재료로 바로 시작하라.
사람들은 "실수할 수 있지 않느냐"라고 묻는다.
물론 실수할 수 있다.
그러나 그 실수가
뭔가 다른 것을 할 수 있는 기회를 제공한다.

The thing about drawing is not to pencil in first and try to
go over it. Start directly in ink, or something that makes a mark you cannot rub out.
People say, "Don't you make mistakes?" Of course you make mistakes! But there's no such
thing as a mistake really. It's just an opportunity to do something else.

When I pick up a guitar, it's not
like I'm thinking, "I want to find this dreamy chord." It's just there.
I chant and the imagery kind of floats through my head.
It depends on the mood, too. My mind could be moving so quickly that
the lyrics just pop out. No matter what, be a receptor in the moment
to your stream of consciousness and subconscious.

— KURT —

VILE

— MUSICIAN —

커트 바일 뮤지션

나는 기타를 잡을 때,
"환상적인 화음을 찾고 싶다"는 생각을 하지 않는다.
그것은 일부러 찾지 않아도 이미 존재하기 때문이다.
노래를 부를 때면 머리 속에는 온갖 상상이 떠다닌다.
물론 그때마다 다르긴 하지만, 좋은 가사가
불쑥 튀어나오기도 한다. 무엇이 되었건 간에,
그 순간만큼은 의식과 잠재의식의 흐름을
그저 수용할 뿐이다.

BECK

——— *MUSICIAN* ———

벡 뮤지션

언어는 우리를 제한한다.
작사가라면 진부하거나 케케묵지 않은
새로운 언어를 사용하기 위해
노력해야 한다.

We're limited by
language, but as a
lyricist, you try to use it
in a way that isn't clichéd
and tired in order to say
something new.

Discipline is a great way to get things done. It goes like a hot knife through butter in the entertainment industry when everyone else is waking up at two in the afternoon, and you can get up at 6 A.M. and get all your work done. Performing solo, owning my own publishing company; it was the discipline and the focus and the tenacity that got me through. Not my talent — I don't have any.

— HENRY —
ROLLINS

—— MUSICIAN ——

헨리 롤린스 뮤지션

일을 하는데 있어서 규율만큼 중요한 것은 없다.
대부분의 사람이 오후 2시나 돼야 눈을 뜨는
엔터테인먼트 업계에서 아침 6시에 일어날 수 있다면,
모든 일이 쉬워진다. 홀로 공연을 하며
출판사를 운영할 수 있게끔 나를 이끌어준 힘은
바로 엄격한 규율과 집중, 그리고 끈기였다.
사실 나에게 재능 따위는 있지도 않았다.

— MARK —

GONZALES

— SKATEBOARDER —

마크 곤잘레스 스케이트보더

가끔 그림을 그리다 보면,
나는 어린 아이로 변신하곤 한다.

Sometimes when I'm drawing I morph back into a little kid.

No sooner do I feel something new, good or bad, than I'm immediately trying to translate it into my work.

— MIRANDA —
JULY

——— FILMMAKER ———

미란다 줄라이 영화 제작자

뭔가 새롭거나 좋거나 나쁜 감정이 생기면,
나는 그 모든 것을 바로 작품에 옮긴다.

— JULIAN —

CASABLANCAS

— MUSICIAN —

줄리안 카사블랑카스 뮤지션

사소한 것 하나도 놓치지 말고,
모든 것을 완벽하게 하겠다는 욕심을 가져라.
집착처럼 보일 수 있지만 결국에는 성공한다.

Develop a desire to get everything right. Maybe that's obsessive — it's time-consuming for sure. But it really pays off in the end.

I always think of my work as a comeback — like I'm an older boxer training for a fight. Just one more fight.

— LARRY —
CLARK
—— FILMMAKER ——

래리 클락 영화 제작자

나는 영화를 내놓을 때마다,
이것이 나의 재기 무대라고 생각한다.
단 한 번의 기회를 위해 열심히 훈련하는
늙은 권투선수처럼 말이다.
그래야만 다른 기회를 가질 수 있기 때문이다.

— WERNER —
HERZOG

—— FILMMAKER ——

베르너 헤어조크 영화 제작자

"내일 종말이 온다면
오늘 무엇을 하겠습니까"라는 질문에
마틴 루터 킹 목사는
"사과 나무를 심겠습니다"
라고 대답했다.
나는 세상 마지막 날에
한 편의 영화를 찍을 것이다.

Martin Luther King was asked,
"If the world came to an end
tomorrow, what would you do
today?" and he said, "I would
plant an apple tree." Well,
on the last day of the world,
I would shoot a movie.

We haven't got to where we are without the talent to back it up. You gotta have luck in terms of the door opening. But to keep the door open, you have to come with something.

— MIKE —

D

— MUSICIAN —

마이크 디 뮤지션

지금의 위치에 설 수 있었던 것은,
그것을 지탱해 주는 재능 때문이었다.
물론 기회를 잡기 위한 운도 있어야겠지만,
더 많은 기회를 위해서는
자신만의 무언가를 갖고 있어야 한다.

— DAVID —

BYRNE

— MUSICIAN —

데이비드 번 뮤지션

내 음악은 모호하거나 어렵지 않으며,
누구나 쉽게 접근할 수 있다.
그렇다고 해서 대중의 인기만을 위해
음악을 만드는 것은 아니다.
내 음악은 대중을 밀어내지 않고 그들과 어울린다.
"내가 너 보다는 나아"라는 메시지는 의미 없다.

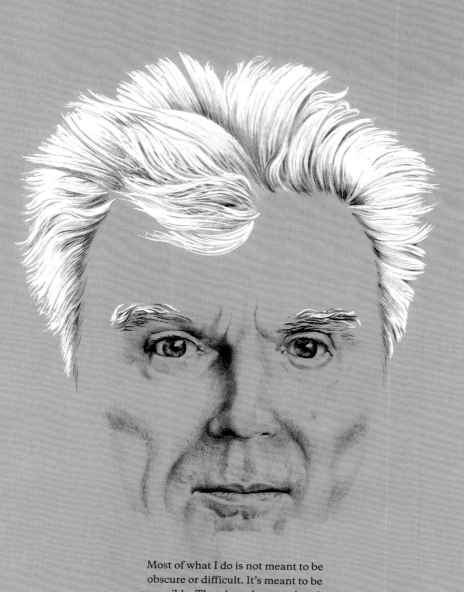

Most of what I do is not meant to be obscure or difficult. It's meant to be accessible. That doesn't mean that the music I make, for example, is meant to be the lowest common denominator of popular. But it doesn't go out of its way to push you away — it kind of welcomes you. There's nothing about it that says, "We're better than you."

When you're in your twenties in a new city where no one's from here, we're all sort of orphans. The only people that you can count on are a bunch of people that you work with and that you know. You're only as good as the reliability of that latticework.

— DAVE —
EGGERS
—— WRITER ——

데이브 에거스 작가

한 20대 청년이
아는 사람이라곤 전혀 없는 도시에
홀로 살고 있다면,
그는 고아나 다름없다.
함께 일하는 동료나 그로 인해 알게 된
사람들만이 당신이 기댈 수 있는
유일한 사람들이다.
그들과 촘촘한 신뢰관계를
구축하는 것으로 시작하라.

— THOMAS —
CAMPBELL

— ARTIST —

토마스 캠벨 아티스트

모든 사람은 각기 다른 화학 재료와 같다.
누군가에겐 쓸모없을지라도,
그를 필요로 하는 사람이 꼭 있다.

Every single person is a different chemistry experiment. Anything can be right for anyone.

You don't have to go places to find inspiration. It's all right in your backyard. Photography has trained my brain to see where I live in the same way as I see other places.

— ED —
TEMPLETON

ARTIST

에드 템플턴 아티스트

영감을 얻기 위해
어딘가를 찾아다닐 필요는 없다.
그것은 바로 우리 주변에 있다.
사진은 낯선 장소를 볼 때와 같은 방식으로,
현재 살고 있는 장소를 볼 수 있게 해준다.

—SHEPARD—
FAIREY
——— ARTIST ———

셰퍼드 페어리 아티스트

당신이 만든 것을 열렬히 좋아할 사람도 있고,
그렇지 않을 사람도 있다. 하지만 당신은
이미 그들을 대화에 참여시킨 것이다.
당신이 만든 무언가를 사람들과 연결시키는 데 있어서는
기본적인 원칙이 존재한다.

Some people will really dig what you create, while other people might not like it. But you're contributing to the dialogue. There's something that's so basic in doing something to relate to your fellow human beings.

I'm always looking for "fringe" cultures, or communities, to see how people react to them, how they resonate for people. I'm looking for something that might be an improvement on what we have now.

— CHUCK —
PALAHNIUK
—— *WRITER* ——

척 팔라닉 작가

나는 항상 "비주류" 문화와 커뮤니티를
찾아 다닌다. 그리곤 사람들이 그들 문화에
어떤 반응을 보이고 어떻게 퍼트리는지 파악한다.
나는 현재 우리가 갖고 있는 것을 개선할
그 무언가를 찾고 있다.

— PHARRELL —

WILLIAMS

———— MUSICIAN ————

퍼렐 윌리엄스 뮤지션

마치 용광로에 쏟아 붓듯 아이디어를 내뱉어라.
어느 순간 말이 된다고 느껴질 때가 온다.

Bounce ideas off
each other — keep pouring
things in like a melting pot.
When it sounds right,
it sounds right.

Skateboarding opens your mind. You can't skateboard well without having some sort of an open mind because the whole act of skateboarding is overcoming obstacles.

— STACY —

PERALTA

SKATEBOARDER

스테이시 페랄타 스케이트보더

스케이트보드는 마음을 열어준다.
스케이트보드를 탄다는 것은
이미 어떤 장애물을 극복한다는 것이기 때문에,
열린 마음 없이는
스케이트보드를 잘 탈 수 없다.

— DON —
LETTS
—— *MUSICIAN* ——

돈 레츠 뮤지션

펑크 음악은
나를 단순한 팬으로 남도록 내버려두지 않았다.
마치 작가, 사진가, 패션 디자이너, 아티스트,
영화 제작자처럼 자신을 재창조하는 사람들과
동지가 되고 싶게 만들었다.

Punk made me realize
I didn't want to be just a fan.
We were like-minded outcasts
who reinvented ourselves
as writers, photographers,
fashion designers, artists,
and filmmakers.

I like playing music with other people because it's like having a conversation, instead of a constant masturbatory existence of loneliness. I get tired of myself.

— TOMMY —

GUERRERO

SKATE-BOARDER

토미 게레로 스케이트보더

나는 다른 사람과 함께 연주하는 것이 좋다.
고독하면서도 자아도취적 존재인 나로부터 벗어나
마치 대화를 하는 것 같기 때문이다.
나는 나 자신에게 싫증이 난다.

— BEN —

HARPER

— MUSICIAN —

벤 하퍼 뮤지션

이 지구상에서 유일하게,
사람만이 동물임을 부정한다.

People are the only animals on the planet that are in denial that they are an animal.

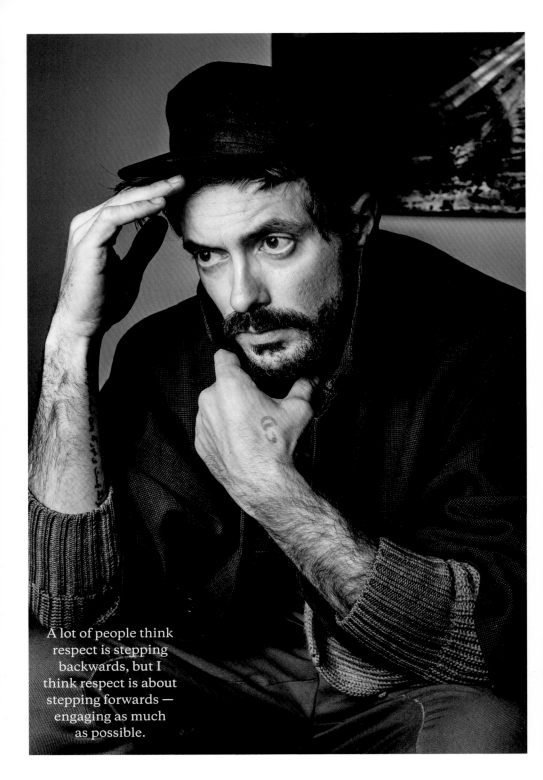

A lot of people think
respect is stepping
backwards, but I
think respect is about
stepping forwards —
engaging as much
as possible.

—VINCENT—
MOON
——— FILMMAKER ———

빈센트 문 영화 제작자

대부분의 사람은 "존중"을
한 걸음 뒤로 물러서는 것이라 생각한다.
하지만 나는 반대다.
존중은 한 걸음 앞으로 내딛는 것이다.
될수록 많이 존중해야 한다.

— BEN —
GIBBARD

—— MUSICIAN ——

벤 기버드 뮤지션

닐 캐시디에게 잭 캐루악이 있었듯이,
나는 내 친구들에게
잭 캐루악 같은 존재가 되고 싶었다.
그리고 어쩌면 지극히 평범한 삶에 가까웠을
내 친구들의 경험을
보다 극적이며 아름답게 기록하고 싶었다.

I wanted to be the Jack Kerouac to all my Neal Cassadys, I wanted to be the person who wrote about the experiences of my group of friends, in a cinematic and glorifying way that aggrandized people who were probably just normal people.

If you go in thinking that you're smarter than everyone else, you won't end up learning very much. If you go in thinking, "I'd sure like to understand this better," you end up doing precisely that.

— ALEX —

GIBNEY

—— *FILMMAKER* ——

알렉스 기브니 영화 제작자

자신이 다른 사람보다 더 똑똑하다고 생각한다면,
뭐든 배울 게 별로 없다.
하지만 어떤 문제를 정확하게 이해하고자 한다면,
"나는 이 문제를 좀 더 잘 이해하고 싶어"라는
생각을 가져야 한다.

BOOGIE

──── PHOTOGRAPHER ────

부기 사진 작가

사람들의 자연스러운 모습을 관찰하기 위해서는,
당신의 존재를 드러내서는 안 된다.
이것이 궁극적인 목표다.
당신이 사라지는 데는 신뢰와 시간이 필요하다.

You can't be a fly on
the wall unless people
accept your presence.
That's the ultimate goal.
To disappear takes
trust and time.

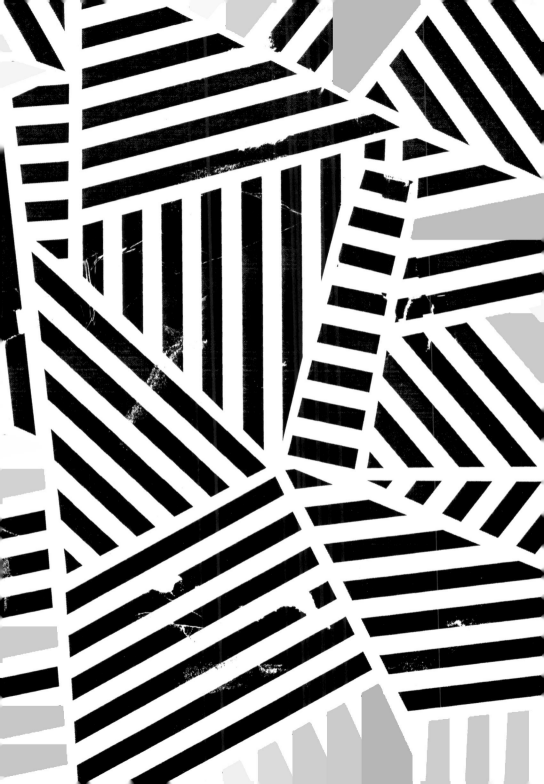

Comfortable
people do not become
revolutionaries.

— MOS —

DEF

— MUSICIAN —

모스 데프 뮤지션

삶이 편안한 사람은 혁명가가 될 수 없다.

— KALLE —
LASN
—— PUBLISHER ——

칼레 라슨 출판인

인터넷은 이제껏 우리가 가져본 적 없는
최고의 행동주의 모델을 새로운 방식으로 제공해왔다.
그곳에는 아직까지 시도조차 해본 적 없는
엄청난 가능성이 존재한다.

The Internet has given us a new model of activism which I think is the best model we've ever had. There's a lot of potential that we haven't even started to realize yet.

The best thing about living now is that media is completely controlled by the individual. Any person with a phone can make a movie, edit it, download it, and link to it, and several million people can see it in twenty-four hours' time. It used to be only the technologically elite who had access, but now we're on an equal playing field.

— C.R. —
STECYK III

ARTIST

씨알 스테식 아티스트

지금 우리 삶에 있어서 가장 좋은 점은
개인이 미디어를 완전히 통제할 수 있다는 것이다.
스마트폰으로 누구나 영화를 만들고 편집하고
다운로드할 수 있으며, 24시간 안에
수백만 명의 사람들에게 영화를 보여줄 수도 있다.
과거에는 오로지 정보통신 분야의
엘리트들만이 할 수 있었지만,
이제는 누구나 가능하다.

— CHIMAMANDA —

NGOZI ADICHIE

— *WRITER* —

치마만다 은고지 아디치에 작가

필요한 것을 파악하는 것도 중요하지만,
해결책을 찾고 제공하는 것이 더 중요하다.

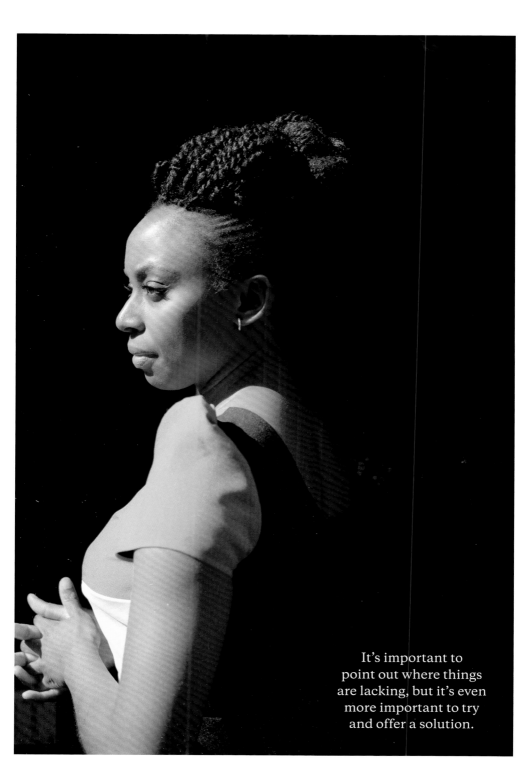

It's important to
point out where things
are lacking, but it's even
more important to try
and offer a solution.

Artists have
one responsibility:
to be honest in
their craft.

— TALIB —
KWELI

— MUSICIAN —

탈립 콸리 뮤지션

예술가에게는 한 가지 책임이 있다.
자기 분야에서 솔직해지는 것이다.

SWOON

—— *ARTIST* ——

스운 아티스트

당신이 무언가를 시도할 때,
사람들은 "안돼"라고 말한다.
이것은 당신을 제지하기 위한 것이 아니다.
그저 그 일을 허락한 사람이
되고 싶지 않기 때문이다.

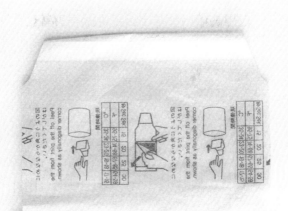

When you are trying to
do something and people tell
you, "No," it's not because
they're gonna stop you. They
just don't wanna be the one
who gave you permission.

One of the interesting things about artists is that they know things that other people don't. Whether it's an emotional reaction, whether it's an intellectual insight. And the reason they're artists is because they want to tell other people what those things are. They're saying, "This is what the world looks like to me."

— GREIL —

MARCUS

——— WRITER ———

그레일 마커스 작가

예술가와 관련하여 한 가지 흥미로운 사실이 있다.
그들은 일반 사람들이 모르는 것을 안다는 것이다.
그것은 감정적 반응일 수도,
지적 통찰력일 수도 있다.
그들이 예술가인 이유는 사물의 존재에 관해
세상 사람들에게 말하고 싶어하기 때문이다.
예술가는 말한다.
"이것이 바로 내가 바라보는 세상이다."

─ PENNY ─
RIMBAUD

─── MUSICIAN ───

페니 랭보 뮤지션

원한다면 누구나 무엇이든 할 수 있다.
그러나 그것을 공표하고 행하는 것은
당신이어야 한다.
자신만의 절대적인 삶의 방식을 찾아라.

Anyone can do whatever it is they want to do, but you need to actually get out and do it. Find a way of unconditional living.

You cannot change
people but you can
change the system so that
people are not pushed
into doing evil things.

— SLAVOJ —
ŽIŽEK

—— PHILOSOPHER ——

슬라보예 지젝 철학자

사람을 바꿀 수는 없지만,
사람들이 사악한 일을 하지 못하도록
시스템을 바꿀 수는 있다.

— DAVE —
RASTOVICH

SURFER

데이브 라스토비치 서퍼

살면서 힘들고 절망적인 시간은 잠깐이다.
그런 시간은 밀려드는 작은 파도처럼
그저 지나갈 뿐이다.
파도가 오가는 대로 그냥 내버려 두면 된다.

The moments where I feel life is overwhelming and difficult are very brief. They pass by like a shitty wave in the surf. You just let that one go as there are more waves to come.

There are things
I'm gonna find on this
planet that no one has
ever heard before.

MIA

— MUSICIAN —

엠아이에이 뮤지션

나는 누구도 들어보지 못한 소리를
이 행성에서 찾아낼 것이다.

— EDDIE —
VEDDER

— MUSICIAN —

에디 베더 뮤지션

환경운동을 대단한 것으로
생각하는 것 자체가 이상한 일이다.
마치 숨을 쉰다고 상을 주는 것과 마찬가지다.
생존을 위해서라면 너무나 당연하다.

It's strange to be recognized
for doing environmental
work. It's like getting an award
for breathing — it's simply
something you have to
do to stay alive.

I don't think I'm a
dissident artist. I see
them as a dissident
government.

— AI —

WEIWEI

———— *ARTIST* ————

아이웨이웨이 아티스트

나는 반체제 예술가가 아니다.
내 눈엔 그들이 반체제 정부로 보인다.

— IAN —

MACKAYE

— MUSICIAN —

이안 맥케이 뮤지션

거칠거나 격한 표현은
효과적이면서도 어리석은 소통 방식이다.
그것은 사람들을 무관심하게 만들고 떠나게 한다.
거친 표현이 시작되면,
사람들은 뒷걸음질 치며 결국 멀어진다.

Violence is an effective form of communication,
but it's an incredibly stupid one.
And people who are not interested move away from it.
It starts when people back away from the stage and
eventually it drives them right out of the room.

— JUDD —
APATOW
FILMMAKER

주드 아패토우 영화 제작자

나는 가끔 아주 진한 성적 농담을 한다.
이런 농담을 할 때면, 무언가 세상에
아주 가치 있는 기여를 한 것 같고
내 자신이 자랑스러워 보이기도 한다.
고단한 현실을 잠시 잊고 활짝 웃는 사람들을 보면
한 순간이나마 신의 존재를 느낄 수 있고,
더 숭고한 인생의 목적을 찾은 것 같아 정말 행복하다.
야한 농담은 신이 준 선물이다.
모든 것이 이해된다.

Occasionally I think of a great
dick joke, like when I have Steve Carell
try to pee with an erection, and I get very
proud of myself and feel like I am adding
something very positive to the world. I
can almost feel people forgetting their
troubles and laughing, and for a moment
I feel like there is a God or a higher
purpose and I am truly happy.
God gave me that dick joke.
It all makes sense.

그레일 마커스 Greil Marcus

록 음악 평론의 혁명가. 롤링 스톤Rolling Stone과 빌리지 보이스Village Voice가 사회 정치적 이슈를 음악에 도입했던 것처럼, 비주류 분야에서의 작가, 음악 저널리스트, 문화평론가로 새로운 시대정신을 드러냄.

나즈NAS

대표적인 앨범 〈일마틱Illmatic〉으로 모던 힙합을 새로운 예술의 영역으로 밀어 올린 위대한 예술가. 음악으로 어두운 시기를 견디며, 사람들이 랩에 미쳐있을 때 마이크 하나에 의지하여 자신만의 이야기로 인정받음.

더글러스 코플런드 Douglas Coupland

캐나다 출신 작가, 예술가, 문화 이론가. 그의 책은 문화에 있어서 결정적인 변화, 변동을 암시. 새로운 획을 그었던 작품 〈X 세대Generation X〉를 통해 가속화되는 문화와 90년대 젊은이들의 격동을 표현함.

데이브 라스토비치 Dave Rastovich

서퍼, 환경 활동가. 마우이 돌고래와 같이 멸종 위기에 빠진 해양생물을 구하기 위해 언론과 사람들의 주목을 끄는 캠페인 활동에 집중하고 있음.

데이브 에거스 Dave Eggers

작가, 운동가, 예술가. 상실에 대한 계관시인으로 826 국립 튜터링 네트워크 센터를 설립하여 큰 사회적 영향을 줌.

데이비드 번 David Byrne

뮤지션. 펑크락, 아트락, 아방가르드, 팝, 펑크 등 세계 음악과 미국스러움을 섞어 새로운 스타일의 앨범과, 책, 프로젝트를 만듦.

돈 레츠 Don Letts

영국태생의 음악가, 커뮤니티 크리에이터. 1970년대 인종장벽을 극복하기 위하여 자메이카 뿌리의 표현 방식을 펑크에서 Ska(자메이칸 뮤직장르)를 분리하여 제안함으로 시민권리의 번성이라는 포괄적인 공간을 제안함.

랄프 스테드먼 Ralph Steadman

예술가, 삽화가. 헌터 톰슨Hunter S. Thompson의 곤조Gonzo 저널리즘이라는 공격적인 게릴라 양식의 글쓰기 장르를 구체적화. 헌터의 길들여지지 않은 생각을 자유로운 그림으로 표현함.

래리 클락 Larry Clark
과장되거나 희화화되어 있지 않는 젊은이들의 모습을 그대로 전달하는 영화감독이자 사진작가. 컬트 영화의 고전이라 할 수 있는 〈키즈kids〉에서 10대들의 삶 어두운 모습을 보여 주었지만, 본질적이며 때로는 잔인한 미학을 표현하는 방식으로 젊은이들의 문화를 대변함.

랜스 뱅스 Lance Bangs
아메리칸 드림의 이면에 존재하는 하위문화를 기록하는 다큐멘터리 작가. 서민들의 광대놀이부터 음악에 대한 명상에 이르기까지 주류 영화에서는 알려지지 않은 영웅들을 꾸준히 기록함.

로버트 로드리게즈 Robert Rodriguez
장르 영화감독, 영화 제작자, 작가 겸 음악가. 싸구려 통속 소설(Pulp Fiction) 같은 어둡지만 감각 있는 액션영화를 통해 초현실적인 상상을 보여줌. 친구 쿠엔틴 타란티노Quentin Tarantino를 도와 만화 〈신 시티 Sin City〉를 영화로 제작.

리버스 쿼모 Rivers Cuomo
위저Weezer 밴드의 리더. 열렬한 축구광. 수줍은 외모와는 달리 재치가 뛰어나며, 힌두교도들의 수행지인 아시람ashram에서 자라면서 비파사나Vipassana 명상을 수련함.

마이크 디 Mike D
〈비스티 보이즈Beastie Boys〉 멤버, 큐레이터. LA MOCA와 뉴욕의 유명 클럽에서 다양한 이벤트를 기획. 80년대 브루클린의 거리 음악과 그림으로 유명함.

마이크 밀스 Mike Mills
멈블코어mumblecore(휴대용 카메라로 만든 저예산 영화) 작가, 영화 제작자, 뮤직비디오 감독, 그래픽 디자이너. 정체성과 상실에 관한 보편적인 생각을 아방가르드 방식으로 탐험한, 섬블스터커 앤 비기너Thumbsucker and Beginners로 헐리우드 공략함.

마크 곤잘레스 Mark Gonzales
스트리트 스케이트보딩의 마법사이자 예술가. 1990년대 초창기부터 보딩 기술의 한계를 뛰어넘고 세계적인 문화의 한 축으로 스케이트 보딩을 폭발적으로 보급시키고, 거리예술로 끌어 올림.

모스 데프 Mos Def

래퍼, 배우, 연설가. 서정적 구호와 실천적 행동으로 인종차별이나 관타나모 Guantanamo 기지의 수감자들의 처우에 저항함.

미란다 줄라이 Miranda July

작가, 영화감독, 행위 예술가. 다양한 저서와 영화를 통해 인류의 보편적 특성을 탐험함.

밥 번퀴스트 Bob Burnquist

중력에 도전하는 브라질 스케이트보더. 그랜드캐니언Grand Canyon에서 수직경사로 보딩을 시도했으며, 자연에 영향을 미치는 환경 이슈를 확산하기 위해 스케이트와 서핑 커뮤니티에서 끊임없이 활동하고 있음.

베르너 헤어조크 Werner Herzog

영화감독 겸 영화배우. 최고의 영화를 통해 식인종, 사형수, 곰 사냥꾼과 같은 아웃사이더들을 세세하게 기록하여 보여준 현존하는 최고의 스토리텔러. 로그 영화학교Rogue Film School에서 "기술적인 것"이 아닌 "삶의 방식"에 관련한 자신의 영화를 분석하여 강의하고 있음.

벡BECK

포크에서 펑크로 모든 장르를 넘나들며 그 한계를 뛰어넘는, 음악적 콜라주를 대변하는 뮤지션. 열 번째 음반 발표 이후에는 작사 과정에 팬들을 참여시켜 그가 녹음하지 않은 곡을 팬들이 새롭게 해석하게 만들기도 했음.

벤 기버드 Ben Gibbard

소설 같은 가사로 유명한 싱어송라이터. 인디 그룹 〈데쓰 캡 포 큐티Death Cab For Cutie〉와 프로젝트 밴드 〈더 포스털 서비스The Postal Service〉의 리더. 고백과 과학적 관찰로 만들어진 곡으로 모두의 예상을 깨고 공전의 히트를 기록함.

벤 하퍼 Ben Harper

싱어송라이터, 멀티 기악 연주자. 실험적 밴드 〈피스트풀 오브 머시 앤 리렌트리스 7Fistful of Mercy and Relentless 7〉의 대표로 독창연주회 활동을 하며 환경 프로젝트를 지원함.

부기Boogie

세르비아의 거리 사진작가. 사회의 가장 어두운 구석에 존재하는 갱 문화와 마약 중독자를 다룬 프로젝트 기획함.

빈센트 문 Vincent Moon
독립 영화 제작자. 라 블로고테크La
Blogotheque의 테이크 어웨이 쇼Take Away
Show를 통해 세계 최대 규모의 밴드를 창
안, 협연하였으며 지금도 전 세계 제작자
및 젊은 인재와 협력하면서 새로운 프로
젝트를 만들고 있음.

셰퍼드 페어리 Shepard Fairey
프로 거인 레슬러 앙드레 더 자이언트
Andre the Giant의 이미지를 메트로폴리탄에
수놓으면서 혜성처럼 등장한 아티스트. 〈
스윈들Swindle 매거진〉, 무의식 프로젝트
갤러리와 미국 최초의 흑인 대통령 캠페
인 등에 참여함.

셰릴 던 Cheryl Dunn
사진작가, 영화 제작자, 언더그라운드 계
의 거두. 다큐멘터리 작품인 〈모든 사람
의 거리Everybody Street〉에서 풍부한 거리
사진을 통해 뉴욕의 역사를 들여다 보게
해주는 일종의 타임캡슐을 보여줌.

숀 톰슨 Shaun Tomson
최초의 남아프리카 서핑 세계 챔피언.
1970년대에 서핑을 프로페셔널 스포츠로
정립. 불의의 사고로 아들을 잃은 개인적

비극을 딛고, 젊은이들이 자신감을 갖고
스스로의 삶을 이끌도록 돕는 데 열정을
쏟음.

숀 화이트 Shaun White
미국의 올림픽 스노우보더. 프로 스케이
트보더. 2006년 동계올림픽과 2010년 동
계올림픽 스노우보드 하프파이프 부문에
서 금메달을 획득한 세계적인 선수로, 익
스트림 스포츠에서도 2차례 정상을 맛보
는 등 보드 계의 전설. 스포츠를 뛰어넘은
헐리웃 스타이며, 록밴드의 리더로도 활
약 중.

스운Swoon
길거리 예술가. 아이티공화국의 지진 생
존자나 멕시코 가정폭력 피해자를 위해
일하기도 하고, 함께 했던 사람들의 금욕
적 생활을 비유적으로 표현하여 작품화.

스테이시 페랄타 Stacy Peralta
스케이트 보드클럽 〈지 보이즈Z-Boys〉 멤
버로 1980년대 토니 호크스Tony Hawk가 있
던 전설적 스케이트 팀 본즈 브릿게이드
Bones Brigade 멤버들의 멘토.

스파이크 존즈 Spike Jonze
스케이트보더, 영화 〈괴물들이 사는 나라 Where The Wild Things Are〉 감독. 미래의 연애를 다룬 영화 〈그녀Her〉로 2014년 오스카상을 휩쓺.

슬라보예 지젝 Slavoj Zizek
슬로베니아 출신의 철학가, 비판 이론가. 책, 영화, 연설 등을 통해 위선, 싸구려 할리우드 마르크스주의, 그리고 자본주의 위기에 정면으로 맞섬.

씨.알. 스테식 C.R. Stecyk III
예술가, 사진작가, 반체제 전문작가. 1970년대 만든 〈도그타운 아티클Dogtown Articles〉은 지금까지도 스케이트보더들의 필독서로 남아 있음.

아이 웨이웨이 Ai Weiwei
혁신적 설치예술가, 건축가. 탄압과 투옥에도 불구하고 권력에 저항한 전위적 중국 시인 아이칭의 아들.

알렉스 기브니 Alex Gibney
다큐멘터리 영화 제작자. 〈엔론Enron〉, 〈위키릭스WikiLeaks〉, 〈아프카니스탄 Afghanistan〉 등의 영화를 통해 기업 붕괴와 내부 고발 및 사회의 어두운 면을 추적 고발해왔음.

알렉스 노스트 Alex Knost
서퍼, 밴드 〈투마로우 튤립Tomorrow Tulips〉의 리더. 직접 디자인하고 제작한 보드로 70년대 실험적인 시도를 많이 했으며 흐느적거리는 서핑으로 유명함.

에드 템플턴 Ed Templeton
스케이트보더, 미술가. 불운한 유년기를 보낸 그는 캘리포니아 남부의 거친 에너지를 독창적으로 사진에 담아 유명해짐.

에디 베더 Eddie Vedder
시애틀을 중심으로 시작된 그런지록grunge rock의 대표밴드 〈펄잼Pearl Jam〉의 리더. 서퍼이자 환경보호 활동가로서 변화를 지지하고 부시 정권에 대한 공개적 비판으로 유명함.

엠씨에이MCA
레퍼이자 시민 인권 운동가. 무정부 계몽주의를 인식한 〈비스티 보이즈Beastie Boys〉 맴버. 2012년 뜻하지 않은 죽음에 이를 때까지 티베트 독립운동을 지원함.

엠아이에이M.I.A.
방그라 랩Bhangra rap 뮤지션, 문화 운동가. 타밀Tamil 혁명 운동가인 아버지로부터 물려받은 과격한 목소리 덕분에 미국의 춤과 영국의 그라임grime을 혼합한 듯한 하이브리드 사운드를 만들어 냄.

이안 맥케이 Ian Mackaye
〈마이너 스레트Minor Threat〉와 〈퓨가지 Fugazi〉의 핵심 맴버. 폭력적이고 자학적인 펑크문화를 바꾸고자 한 스트레이트 엣지 straight-ege와 좀 더 실험적인 사운드의 포스트하드코어post-hardcore를 촉발시킨 펑크음악 DIYDo-it-yourself 정신의 대부.

주드 아패토우 Judd Apatow
영화감독, 작가, 만능 엔터테이너. 세태를 반영하는 르나 던햄Lena Dunham의 〈소녀들Girls〉과 〈이것이 40이다This is 40〉를 제작함. 진심 어린 유머로 유명.

줄리안 카사블랑카스 Julian Casablancas
싱어송라이터, 락 배드 〈더 스트록스The Strokes〉의 리드 보컬. 하 마 슈퍼스타Har Mar Superstar같은 독특한 가수들이 소속되어 있는 제작사 컬트 레코드Cult Records를 설립하고 솔로 앨범 발표함.

지오프 맥페트리지 Geoff McFetridge
그래픽 디자이너. 1990년대 〈비스티 보이즈Beastie Boys〉의 잡지 〈그랜드 로열Grand Royal〉에서 기획한 〈걸 스케이트보드Girl Skateboards〉로 데뷔. 스파이크 존즈Spike Jonze의 고정 협력자로 활동함.

척 팔라닉 Chuck Palahniuk
작가. 포스트모던 시대의 실존적 위기를 나타낸 소설 〈파이트 클럽Fight Club〉에서 물질 만은주의로 자아를 잃어버린 사회를 신랄하게 비판함.

치마만다 은고지 아디치에 Chimamanda Ngozi Adichie

작가. 그녀의 성격은 하르마탄(12월부터 2월에 걸쳐 아프리카 내지에서 서해안으로 부는 건조한 열풍)과 흡사해, 먼지가 11월의 바람에 따라 널리 흩날리지만 비록 그 어떠한 여정에도 기원起源이 바뀌지 않는 것이 특징. 그녀는 아프리카에서 인구가 가장 많은 나라 인 나이지리아를 유대인의 시각으로 탐험하며 새로운 문화 연관성을 드러냄.

칼레 라슨 Kalle Lasn

에스토니아 출신의 잡지 발행인. 벤쿠버에 기반을 둔 그의 잡지 〈애드버스터스Adbusters〉는 자본주의 소비 문화에 대한 색다른 평론으로 문화 훼방culture jamming 영역을 개척하였으며, 2011년 금융위기 기간 동안 "점령하라!"운동의 전개를 부추김.

캘리 슬레이터 Kelly Slater

월드 서퍼 챔피언을 11회 수상한 서퍼. 1990년대 이래 프로서핑 대회를 석권해 오고 있으며, 현재까지도 프로 파도타기 게임 부문에 있어서 새로운 가능성을 만들고 있음.

캣 파워 Cat Power

컬트 싱어송라이터로 이 분야 최고 아이콘. 그녀의 스모키 보이스는 90년대 뉴욕 인디를 통한 남부 소울의 뿌리에서 그녀의 영웅인 패티 스미스Patti Smith와 밥 딜런Bob Dylan 풍의 가슴을 치는 진실한 음악까지 다양한 특색을 보여줌.

커트 바일 Kurt Vile

필라델피아 출신의 공상적인 방랑 음악가. 〈더 워 온 드러그The War On Drugs〉에서 인기를 얻었으나, 미국 육체 노동자의 심금을 울리는 독창적인 소절로 감정적인 각인을 남김.

킴 고든 Kim Gordon

노이즈 펑크 밴드인 〈소닉 유스Sonic Youth〉 맴버이자 베이시스트. 1980년대 뉴욕의 노 웨이브No Wave가 추구했던 반 자본주의적 이상을 예술과 문학, 패션, 영화 등에서 실험적인 아이콘으로 변화시킴.

탈립 콸리 Talib Kweli

정치에 대한 관심이 많은 1990년대 힙합 듀오 래퍼. 모스 데프Mos Def와 함께 활동한 흑인 스타. 많은 작품을 통해 인종적 편견과 경찰의 만행을 포함한 사회적 이슈를 전달함.

토마스 캠벨 Thomas Campbell

영화 제작자, 아티스트, 스케이트보더, 서퍼, 음반회사 창업자, 사진작가 등으로 전혀 연관 없어 보이는 분야에서 활발한 활동함. 세피아 틴트필름, 인디라벨, 갤럭시아 레코드 등으로 대표되는 서핑문화를 부흥시킴.

토니 앨바 Tony Alva

캘리포니아 지 보이즈Z-boys 스케이트 팀의 일원. 스케이트보딩을 일반적인 트랙 스포츠에서 탐험적 문화로 전환하는데 성공. 스케이트보딩의 새로운 비법과 라이프스타일을 선도함.

토미 게레로 Tommy Guerrero

본즈 브릿게이드Bones Brigade 스케이트보드 팀의 핵심 멤버. 즉흥적이지만 마치 재즈에 젖은 느낌의 앨범 〈소울 푸드 타코리아Soul Food Taqueria〉로 롤링 스톤즈Rolling Stones의 베스트 리스트에 포함.

퍼렐 윌리엄스 Pharrell Williams

프로듀서, 작곡가, 큐레이터. 〈앤이알디N.E.R.D〉로 펑크 힙합 밴드의 시대를 열었으며, 미디어 플랫폼 〈아임 아더I Am Other〉을 통해 고전 팝과 창의성을 섞은 최고의 작품을 잇달아 발표함.

페니 랭보 Penny Rimbaud

석탄배달부 출신으로 무정부 평화주의 펑크 밴드punk band 창립. 그들의 체제 전복적인 음악과 예술, 그리고 문화는 안젤리나 졸리Angelina Jolie에서부터 뱅크시Banksy에 이르기까지 급진적인 예술가들에게 영감을 제공함.

하모니 코린 Harmony Korine

래리 클락Larry Clark의 다큐 픽션 〈키즈Kids〉에서 언급한 바와 같이, 거터Gutter 춤에서부터 인디Indie 예술까지를 접목시킨 악동으로 알려진 인물. 어릴 적 잘 타던 스케이트에서 영감을 얻어 초현실적, 파괴적 영화를 만듦.

헨리 롤린스 Henry Rollins

1980년대 캘리포니아 하드코어밴드 〈블랙 프래그Black Flag〉의 리드 보컬. 자유분방하게 활동하고 좌절한 젊은이들에게 토로하며 평소의 삶에서 오는 평등주의적 통찰력을 함께하기 위해 라디오, 텔레비전, 공연 등으로 정치적 에너지를 표출함.

물을 거슬러 노를 저어라

지은이 허크 편집부
옮긴이 한국CFO스쿨 북펀드

이 책의 편집과 교정은 유재현, 디자인은 노영현, 출력과 인쇄는 꽃피는청춘
임형준, 제본은 은정문화사 양현식이 진행해 주셨습니다. 이 책의 성공적인
발행을 위해 애써주신 다른 모든 분들께도 감사드립니다. 틔움출판의 발행
인은 장인형입니다.

초판 1쇄 인쇄 2015년 5월 8일
초판 1쇄 발행 2015년 5월 22일

펴낸 곳   틔움출판
출판등록   제313-2010-141호
주소   서울특별시 마포구 월드컵북로4길 77, 3층
전화   02-6409-9585
팩스   0505-508-0248
홈페이지   www.tiumbooks.com   www.facebook.com/tiumbooks

ISBN 978-89-98171-21-6 03190

잘못된 책은 구입한 곳에서 바꾸실 수 있습니다.

틔움은 책을 사랑하는 독자, 콘텐츠 창조자, 제작과 유통에 참여하고 있는 모든 파트너들과 함께 성장합니다.